FEINES

– auf die Schn

Wie das duftet, wenn sich haarfeine Glasnudeln mit Rinderfilet und Sprossen in der Brühe tummeln! Oder krause chinesische Eiernudeln und knackig-buntes Gemüse im Wok locken! Asiatische Nudeln sind in Minuten zubereitet und verwöhnen Auge und Gaumen gleichermaßen: ob gebraten, gedämpft, in der Suppe, als Salat, Puffer oder Reispapierröllchen. Ihr Beitrag zur Nudelküche ist zart und vielseitig: Pasta made in Asia wird aus Weizen-, Reis- oder aus Mungobohnenmehl hergestellt. Und alle sind sehr anpassungsfähig, saugen exotische Gewürze, Kräuter und jedes nur denkbare Aroma in sich auf. Zitronengras-, Curry- oder Korianderpaste, Ingwer, Sojasauce, Sesamöl – mit diesen Zutaten aus dem Asienregal im Supermarkt tischen Sie im Handumdrehen fernöstliche Köstlichkeiten für alle Sinne auf. In der Kürze liegt die Würze.

ASIA-SCHINKEN-NUDELN

➤ für Instant-Wok-Nudeln

Zutaten für 4 Personen:

- *200 g gekochter Schinken (am Stück)*
- *150 g Maiskörner (aus der Dose)*
- *300 g Kirschtomaten*
- *3 Frühlingszwiebeln*
- *1 EL Öl • 1 EL Sesamöl*
- *250 g Wok-Nudeln*
- *300–350 ml Gemüsebrühe*
- *2–3 EL helle Sojasauce*
- *Salz • Pfeffer*

ZUBEREITUNGSZEIT: 25 MIN.
PRO PORTION ETWA: 1720 KJ/410 KCAL

1 Den Schinken in kleine Würfel schneiden. Den Mais abgießen und abtropfen lassen. Die Tomaten waschen und vierteln. Die Frühlingszwiebeln waschen, putzen und in feine Ringe schneiden.

2 Öl und Sesamöl im Wok oder einer Pfanne erhitzen. Nudeln und die Hälfte der Frühlingszwiebeln kurz unter Rühren anbraten. Brühe angießen und 3–4 Min. unter Rühren kochen lassen. Schinken, Mais, übrige Frühlingszwiebeln und Tomaten unterheben, bei schwacher Hitze 5 Min. ziehen lassen. Mit Sojasauce, Salz und Pfeffer würzen.

BAMI GORENG

➤ für chinesische Weizennudeln

Zutaten für 4 Personen:

- *250 g chinesische Instant-Nudeln*
- *1 Stück frischer Ingwer (ca. 2 cm)*
- *2 Knoblauchzehen*
- *4 Eier • Salz • Pfeffer*
- *3 EL Öl*
- *1 kg chinesisches TK-Gemüse*
- *2–3 EL helle Sojasauce*
- *Sambal oelek*

ZUBEREITUNGSZEIT: 20 MIN.
PRO PORTION ETWA: 2165 KJ/515 KCAL

1 Die Nudeln nach Packungsangabe in kochendes Wasser geben, vom Herd nehmen und 4 Min. ziehen lassen, dann abgießen und abtropfen lassen. Ingwer und Knoblauch schälen und fein würfeln. Die Eier mit Salz und Pfeffer verquirlen.

2 In einer Pfanne 1 EL Öl erhitzen, die Eier darin zu Rührei braten, herausnehmen. Übriges Öl in die Pfanne geben. Ingwer, Knoblauch und (unaufgetautes) Gemüse dazugeben und bei starker Hitze 6 Min. braten. Nudeln und Rührei unterheben, alles noch 2 Min. vorsichtig wenden. Mit Sojasauce, Salz und Sambal oelek würzen.

GEBRATENE GEMÜSE-NUDELN

➤ **für Mie-Nudeln**

Knackiges Gemüse, knusprige Nudeln – Herzhaftes mit Biss

Zutaten für 4 Personen:

- *250 g Mie-Nudeln*
- *800 g gemischtes Gemüse (z. B. Möhren, Frühlingszwiebeln, Staudensellerie und Champignons)*
- *150 g Bambussprossen (aus der Dose)*
- *2 Knoblauchzehen*
- *2 Schalotten*
- *1 Stück frischer Ingwer (1–2 cm)*
- *4 EL Öl*
- *Salz • Pfeffer*
- *4 EL Sojasauce*
- *50 g gesalzene Cashewkerne*
- *3 Stängel Basilikum*

ZUBEREITUNGSZEIT: 30 MIN.
PRO PORTION ETWA: 1805 KJ/430 KCAL

1 In einem Topf reichlich Wasser aufkochen. Nudeln hineingeben, vom Herd nehmen und 4 Min. ziehen lassen. Abgießen, kalt abschrecken und gut abtropfen lassen.

2 Das Gemüse waschen und putzen oder schälen. Möhren in feine Streifen, Frühlingszwiebeln in 5 cm lange Stücke schneiden. Sellerie und Pilze in dünne Scheiben, Bambussprossen in feine Streifen schneiden. Knoblauch, Schalotten und Ingwer schälen und fein hacken.

3 Im Wok oder einer Pfanne 2 EL Öl erhitzen. Die Nudeln darin unter Rühren 5 Min. braten, herausnehmen. Übriges Öl erhitzen, Schalotten, Ingwer und Knoblauch kurz anbraten. Möhren und Sellerie zugeben und 2 Min. unter Rühren braten. Restliches Gemüse zufügen und 1 Min. mitbraten. Mit Salz, Pfeffer und Sojasauce würzen. Nudeln untermischen, alles 2–3 Min. ziehen lassen. Cashewkerne hacken. Basilikumblätter abzupfen und hacken, beides darüber streuen.

! **VARIANTE:** Für **Nudeln mit Schweinefleisch** 300 g Schweinefilet in schmale Streifen schneiden, mit je 1 TL Speisestärke und Sesamöl einreiben. Im heißen Öl mit Schalotten, Ingwer und Knoblauch unter Rühren 2–3 Min. braten. Herausnehmen und das Gemüse pfannenrühren. Nudeln und Fleisch untermischen. Mit 2 EL Sojasauce, 2 EL trockenem Sherry und 4 EL Hühnerbrühe vermischen. Cashewkerne und Basilikum aufstreuen.

ENTENBRUST AUF SESAMNUDELN

➤ **für Mie-Nudeln**

Chinesisches Essen vom Feinsten

Zutaten für 4 Personen:

- *10 getrocknete Mu-Err-Pilze*
- *1 Entenbrustfilet (ca. 350 g)*
- *2 TL Speisestärke*
- *300 g Romanesco (ersatzweise Blumenkohl)*
- *200 g Zuckerschoten*
- *3 Frühlingszwiebeln*
- *1 Stück frischer Ingwer (ca. 2 cm)*
- *150 ml Hühnerbrühe*
- *2 EL Austernsauce • 3 EL Sojasauce*
- *250 g Mie-Nudeln*
- *2 EL Sesamöl • Salz • Pfeffer*

ZUBEREITUNGSZEIT: 40 MIN.
PRO PORTION ETWA: 2375 KJ/565 KCAL

1 Pilze mit kochendem Wasser übergießen und 15 Min. einweichen. Vom Entenbrustfilet die Haut ablösen und in feine Streifen schneiden. Fleisch in sehr dünne Scheiben schneiden, mit 1 TL Stärke einreiben.

2 Das Gemüse waschen und putzen, Romanesco in Röschen teilen, Zuckerschoten halbieren, Frühlingszwiebeln in feine Ringe schneiden. Ingwer schälen und fein würfeln. Pilze abgießen und abtropfen lassen. Für die Sauce die Brühe mit Austern- und Sojasauce und übriger Speisestärke verquirlen.

3 Nudeln in kochendes Wasser geben, vom Herd nehmen und 4 Min. ziehen lassen. Abgießen, abtropfen lassen, mit dem Sesamöl mischen. Abgedeckt warm halten.

4 Den Wok erhitzen, die Entenhaut darin bei starker Hitze in 4–5 Min. ausbraten, bis sie kross ist. Auf Küchenpapier abtropfen lassen. Im ausgelassenen Entenfett das Fleisch portionsweise anbraten. Herausnehmen, salzen und pfeffern und warm halten. Ingwer anbraten, Romanesco dazugeben und 3 Min. pfannenrühren. Pilze, Zuckerschoten und Frühlingszwiebeln zufügen, 3 Min. braten. Mit der Würzsauce ablöschen. Entenfleisch dazugeben, alles bei starker Hitze mischen. Auf den Sesamnudeln anrichten, knusprige Entenhaut obendrauf streuen.

GARNELENSUPPE MIT REISNUDELN

➤ **für thailändische Reisnudeln (Guai-Thiau)**

Zitronengras, Ingwer und Kokosmilch – das sind Zutaten, auf die es in der Thai-Küche ankommt.

Zutaten für 4 Personen:

- *100 g thailändische Reisnudeln*
- *250 g rohe geschälte Riesengarnelen (frisch oder aufgetaute TK-Ware)*
- *1 Stück frischer Ingwer (ca. 2 cm)*
- *1 Stängel Zitronengras (ersatzweise 1 TL Zitronengraspaste aus dem Glas)*
- *300 g Mangold*
- *1 EL Öl • 3/4 l Gemüsebrühe*
- *200 ml ungesüßte Kokosmilch (Tetrapak oder Dose)*
- *3 EL Fischsauce • 2 EL Limettensaft*
- *Salz • Pfeffer*

ZUBEREITUNGSZEIT: 25 MIN.
PRO PORTION ETWA: 1490 KJ/355 KCAL

1 Reisnudeln in kochendes Wasser geben und 3 Min. ziehen lassen. In ein Sieb abgießen, mit kaltem Wasser abschrecken und abtropfen lassen. Mit einer Küchenschere mehrmals durchschneiden.

2 Die Garnelen kalt abbrausen und gut abtropfen lassen. Den Ingwer schälen, fein reiben oder würfeln und mit den Garnelen mischen. Vom Zitronengras die äußeren Hüllblätter entfernen, die unteren 10 cm in sehr kleine Würfel schneiden. Mangold waschen und putzen. Die Stiele klein würfeln, die Blätter grob hacken.

3 Das Öl in einem Topf erhitzen, Mangoldstiele darin 3 Min. andünsten. Mit Brühe und Kokosmilch aufgießen. Zitronengras zufügen und 5 Min. köcheln lassen. Die Garnelen samt Ingwer und das Mangoldgrün dazugeben, weitere 2–3 Min. ziehen lassen. Die Suppe mit Fischsauce, Limettensaft, Salz und Pfeffer abschmecken.

!

TIPP: Für originale, feurig-scharfe Thai-Würze 2 kleine rote Thai-Chilischoten (Asienladen) winzig klein würfeln, 2–3 frische Zitronenblätter in feine Streifen schneiden. Beides zum Schluss untermischen und die Suppe mit einer Hand voll Korianderblättchen bestreuen.
VARIANTEN: Für eine **Fischsuppe mit Reisnudeln** die Garnelen durch 250 g festes Fischfilet (z. B. Rotbarsch oder Viktoriabarsch) oder eine Meeresfrüchtemischung ersetzen. Gibt es küchenfertig beim Fischhändler oder in der Tiefkühltruhe im Supermarkt.

GLASNUDELSUPPE MIT RINDERFILET

➤ **für chinesische breite Glasnudeln**

Wohltuendes Süppchen, das rasch zubereitet ist, wenn die Brühe aus dem Vorrat kommt

Zutaten für 4 Personen:

- *150 g chinesische breite Glasnudeln*
- *200 g Rinderfilet • 2 Knoblauchzehen*
- *1 Stück frischer Ingwer (ca. 2 cm)*
- *1 Bund Frühlingszwiebeln*
- *250 g Spinatblätter*
- *100 g Mungobohnensprossen*
- *150 g Kirschtomaten*
- *1 EL Öl • 1 l Fleischbrühe*
- *2 EL Sojasauce • Salz • Pfeffer*
- *1–2 EL Zitronensaft*
- *etwas Koriandergrün (nach Belieben)*

ZUBEREITUNGSZEIT: 30 MIN.
PRO PORTION ETWA: 905 KJ/215 KCAL

1 Glasnudeln in kochendes Wasser geben und darin nach Packungsangabe 3–4 Min. ziehen lassen. In ein Sieb abgießen, abschrecken und abtropfen lassen. Mehrmals mit einer Küchenschere durchschneiden.

2 Das Fleisch in hauchdünne Scheiben schneiden, auf vier tiefe Teller verteilen. Knoblauch und Ingwer schälen und fein hacken. Frühlingszwiebeln waschen, putzen und in dünne Ringe schneiden. Spinat waschen, verlesen und grob hacken. Sprossen abbrausen und abtropfen lassen. Tomaten waschen und halbieren.

3 Das Öl erhitzen, Knoblauch und Ingwer darin 1 Min. andünsten. Mit der Brühe aufgießen, aufkochen lassen. Gemüse und Glasnudeln hineingeben und 1 Min. darin kochen lassen. Mit Sojasauce, Salz, Pfeffer und Zitronensaft abschmecken. Kochend heiße Suppe über das Fleisch schöpfen. Nach Belieben mit Koriander bestreuen.

! **VARIANTE:** Für selbst gemachte **Rinderbrühe mit Glasnudeln** 500 g Suppenfleisch mit 1 1/4 l Wasser aufkochen. 1 geschälte Zwiebel, 1 Bund Suppengrün (grob zerteilt), 3 Zweige Petersilie, 1 Lorbeerblatt, 5 schwarze Pfefferkörner und 1 TL Salz dazugeben. Alles bei schwacher Hitze zugedeckt 1 Std. 30 Min. köcheln lassen. Brühe abgießen, salzen und pfeffern. Fleisch abkühlen lassen, in dünne Scheiben schneiden. Mit den Glasnudeln und dem Gemüse (siehe Rezept oben) in die heiße Brühe geben.

VIETNAMESISCHE REISPAPIERROLLEN

➤ **für Reisteigplatten und Glasnudeln**

Shrimps, Huhn und Rohkost, umhüllt von zartem Reispapier – ideal als Snack oder Vorspeise

Zutaten für 4 Personen, ergibt 12 Stück:

- *24 Blatt Reispapier (∅ 16 cm)*
- *30 g chinesische Glasnudeln*
- *6 Kopfsalatblätter*
- *1/2 Bund Koriandergrün (ersatzweise Petersilie)*
- *3 Zweige frische Minze*
- *1 Minigurke (ca. 120 g)*
- *2 dünne Frühlingszwiebeln*
- *100 g gegartes Hähnchenfleisch*
- *100 g geschälte und gegarte Shrimps*
- *1 EL Fischsauce*
- *Salz • Pfeffer*

ZUBEREITUNGSZEIT: 45 MIN.
PRO PORTION ETWA: 735 KJ/175 KCAL

1 Die Reisblätter einzeln in kaltem Wasser 30 Sek. einweichen. Nebeneinander auf feuchten Küchentüchern ausbreiten.

2 Die Glasnudeln überbrühen, 5 Min. ziehen lassen. Abgießen, abtropfen lassen und mit einer Schere kürzer schneiden. Salat waschen, dicke Rippen flach schneiden und Blätter halbieren. Kräuter waschen und trockenschütteln, Blätter abzupfen.

3 Gurke schälen, längs halbieren, entkernen und in feine Stifte schneiden. Frühlingszwiebeln putzen und in dünne Ringe schneiden. Fleisch in kleine Würfel schneiden, Shrimps abbrausen und abtrocknen. Glasnudeln, Fleisch, Garnelen, Gurken und Frühlingszwiebeln mit der Fischsauce, Salz und Pfeffer vermischen.

4 Je 2 Reispapierblätter aufeinander legen, je 1/2 Salatblatt darauf geben. Je 1 EL Füllung und einige Kräuterblätter in der Mitte verteilen. Blattränder darüber schlagen, von unten nach oben einrollen.

! **SERVIERTIPP:** Die Rollen in einen der beiden Dips stippen: Für einen **scharfen Dip** je 4 EL Fischsauce, Zitronensaft, Wasser und 1/2 TL Zucker verrühren. 1–2 klein gewürfelte rote Chilischoten aufstreuen. Für den **milden Dip** je 3 EL Hoisinsauce (Asienladen) und Wasser glatt rühren. Mit 1 EL fein gehackten gerösteten Erdnüssen bestreuen.

REISNUDELSALAT MIT GRAVED LACHS

➤ **für thailändische Reisnudeln (Guai-Thiau)**

Eine euro-asiatische Verbindung, bei der die Thai-Küche Pate stand

Zutaten für 4 Personen:

- *100 g thailändische Reisnudeln*
- *300 g grüner Spargel • Salz*
- *1 nicht ganz reife Mango (ca. 300 g)*
- *2 Frühlingszwiebeln*
- *150 g Graved Lachs (in Scheiben)*
- *4 EL Limettensaft*
- *2–3 EL Fischsauce*
- *1 TL brauner Zucker*
- *1/2 TL Zitronengraspaste (aus dem Glas; Asienregal)*
- *4 Blätter Romanasalat*
- *1/2 Bund Koriandergrün (ersatzweise glatte Petersilie)*

ZUBEREITUNGSZEIT: 30 MIN.
PRO PORTION ETWA: 1175 KJ/280 KCAL

1 Nudeln in kochendes Wasser geben und 3 Min. ziehen lassen, in ein Sieb abgießen, abschrecken und abtropfen lassen. Mit einer Küchenschere kürzer schneiden.

2 Den Spargel waschen, putzen, im unteren Drittel schälen. Stangen längs halbieren und schräg in 4 cm lange Stücke schneiden. In kochendem Salzwasser in 3 Min. bissfest garen, abschrecken und abtropfen lassen. Die Mango schälen, Fruchtfleisch vom Stein schneiden, erst in dünne Scheiben, dann in kleine Rauten schneiden. Frühlingszwiebeln waschen, putzen und in feine Ringe, Lachs in Streifen schneiden.

3 Limettensaft in einer Schüssel mit Fischsauce, Zucker und Zitronengraspaste verquirlen. Reisnudeln, Spargel, Mango, Frühlingszwiebeln und Lachs dazugeben und untermischen. Salat waschen, trockentupfen, auf vier Teller verteilen. Nudelsalat darauf anrichten. Koriandergrün abzupfen und aufstreuen.

! **VARIANTE:** Für **Nudelsalat mit mariniertem Lachs** statt Graved Lachs ganz frisches Lachsfilet ohne Haut in hauchdünne Scheiben schneiden (geht am besten, wenn Sie es davor 1 Std. ins Tiefkühlfach legen). Mit dem Saft von 2 Limetten und 1/2 TL Meersalz würzen. 5 Min. ziehen lassen, zur Nudelmischung geben und noch 2–3 Min. ruhen lassen.

Asia-Nudeln – Sortenvielfalt aus Fernost

1 **Glasnudeln:** Dünne, gläsern aussehende Nudeln aus Mungobohnenstärke. Werden nur in heißem Wasser eingeweicht und nach dem Abtropfen kürzer geschnitten. Für Salate, Suppen und Pfannengerichte.

2 **Reisnudeln:** Aus Reismehl und Wasser hergestellte Bandnudeln. Wirken roh milchig transparent, nach dem Garen weiß. Mit der Küchenschere kleiner schneiden, so kann man sie besser essen.

3 **Mie-Nudeln:** Chinesische Weizennudeln, mit und ohne Eier. Werden spiralförmig zu Päckchen gepresst. Kurze Garzeit: Nur 4 Min. in kochendem Wasser ziehen lassen. Als Beilage oder für Wok-Gerichte.

4 **Reisteigplatten:** Hauchdünne, durchsichtige Fladen aus Reismehl. Nur 30 Sek. in Wasser einweichen. Ideal zum Einwickeln von Fleisch, Gemüse oder Obst. Sie schmecken roh, gedämpft und frittiert.

Die wichtigsten Würzen

Trockenpilze: Shiitake- oder Tongu-Pilze (links) würzen intensiv. Mu-Err-Pilze oder chinesische Baumpilze (rechts) gefallen wegen ihrer knackig-festen Konsistenz. Beide müssen eingeweicht werden.

Würzsaucen: Unentbehrlich sind Sojasaucen – hell und jung oder dunkel und aromatisch, leicht süß (Ketjap-Manis) oder herzhaft (Ketjap-Asin) sowie Fischsauce und Austernsauce mit Meeresaroma.

3 **Würzpasten:** Ideale Würze für Schnellgerichte sind Currypasten, Zitronengraspaste und Koriandergrün in Öl, die Sie fertig im Glas bekommen. Einfach einen Löffel davon ans Gericht geben.

4 **Öle:** Erdnussöl lässt sich hoch erhitzen und ist geschmacksneutral, eignet sich prima zum Braten, Frittieren und für Wok-Gerichte. Sesamöl aus gerösteten Samen wird zum Würzen verwendet.

Gedämpfte Glasnudeln

100 g breite Glasnudeln • 150 g Shrimps • 2 EL trockener Sherry • 200 g Tomaten • 3 Frühlingszwiebeln • 4 Eier • 2 EL Sojasauce • 2 TL Sesamöl • Pfeffer • einige Korianderblättchen

Glasnudeln überbrühen, 5 Min. ziehen lassen, abgießen, überbrausen und kürzer schneiden. Shrimps mit Sherry beträufeln. Tomaten waschen, halbieren, entkernen und klein würfeln. Frühlingszwiebeln waschen, putzen und fein hacken. Eier mit Sojasauce, Sesamöl, Pfeffer verquirlen, alle Zutaten in einer feuerfesten Schüssel untermischen. Zugedeckt in einem Topf mit Dämpfeinsatz 15 Min. dämpfen. Koriander aufstreuen.

Frittierte Eiernudeln

250 g Eier-Mie-Nudeln • 1 l Erdnussöl zum Frittieren

Die Nudeln in einen Topf mit kochendem Wasser geben, sofort vom Herd nehmen und 4 Min. ziehen lassen. Mit einer Gabel umrühren, in ein Sieb abgießen und gut abtropfen lassen. Auf der Arbeitsfläche ausbreiten und mit Küchenpapier trockentupfen. Öl zum Frittieren im Wok oder in einer Fritteuse erhitzen (170°) und die Nudeln darin portionsweise in 2–3 Min. goldbraun ausbacken. Herausnehmen und auf Küchenpapier abtropfen lassen. Die frittierten Nudeln zerkrümeln und sofort als Beilage zu pfannengerührtem Gemüse servieren.

Süsse Kokosnudeln

200 ml ungesüßte cremige Kokosmilch (Tetrapak) • 150 g Mie-Nudeln • 60 g Zucker • 1/2 TL Zimtpulver • je 30 g gehackte Cashewkerne und Mandeln • 1 reife Mango

Kokosmilch mit 100 ml Wasser in einem Topf aufkochen. Nudeln etwas zerdrücken und unterrühren. 10 Min. bei schwacher Hitze kochen lassen, bis die Flüssigkeit von den Nudeln aufgesogen ist, dabei gelegentlich umrühren. Zucker und Zimt unterrühren. Cashewkerne und Mandeln unterheben und in vier Schälchen füllen. Die Mango schälen, das Fruchtfleisch vom Stein und in Stücke schneiden und die Kokosnudeln damit garnieren.

Gebackene Bananenröllchen

24 Reispapierblätter (∅ 16 cm) • 2 große Bananen • 1 l Erdnussöl • 200 g Sahnejoghurt • 1 TL Zimtpulver • 1 EL Zucker

Reisblätter einzeln für 30 Sek. in lauwarmes Wasser tauchen, je 2 aufeinander auf ein feuchtes Küchentuch legen. Bananen schälen, in Scheiben schneiden, jeweils in die Mitte legen. Reisblätter von den Seiten über die Füllung schlagen, dann von unten nach oben aufrollen, so dass Röllchen entstehen. Ränder gut andrücken. Öl im Wok oder der Fritteuse erhitzen (170°), die Röllchen darin in 4–5 Min. knusprig ausbacken. Auf Küchenpapier abtropfen lassen. Den Joghurt mit Zimt und Zucker verrühren und dazu servieren.

SCHARFER GLASNUDELSALAT

➤ **für dünne oder breite Glasnudeln**

Limettenfrisch und chilischarf – ein leichtes Sommeressen, das die Lebensgeister weckt

Zutaten für 4 Personen:

- *100 g Glasnudeln*
- *2 EL helle Sojasauce*
- *2 EL Limettensaft*
- *1 EL brauner Zucker*
- *1 Stange Lauch • 1 rote Paprikaschote*
- *1 große Möhre • 1 kleine rote Chilischote*
- *300 g Rumpsteak*
- *2 EL Öl • 2 TL Chilisauce*
- *Salz • Pfeffer*
- *1/2 Bund Koriandergrün*
- *2 EL gesalzene Erdnüsse*

ZUBEREITUNGSZEIT: 30 MIN.
PRO PORTION ETWA: 1155 KJ/275 KCAL

1 Glasnudeln mit kochendem Wasser übergießen und 10 Min. ziehen lassen, durch ein Sieb abgießen, abtropfen lassen und mit der Küchenschere klein schneiden.

2 Für das Dressing Sojasauce, Limettensaft und Zucker in einer Schüssel verrühren. Lauch, Paprikaschote und Möhre waschen und putzen oder schälen. Lauch in dünne Ringe, Paprika in feine Streifen und Möhre in Stifte schneiden. Die Chilischote putzen, entkernen und sehr fein würfeln.

3 Fleisch in feine Streifen schneiden. 1 EL Öl erhitzen, Fleisch darin portionsweise unter Rühren 2 Min. braten. Herausnehmen, mit der Chilisauce vermischen. Übriges Öl erhitzen, Chili, Paprika, Lauch und Möhre darin 2–3 Min. pfannenrühren. Fleisch zufügen, kurz erwärmen. Mit den Glasnudeln unter das Dressing mischen, salzen und pfeffern. Korianderblättchen abzupfen, Erdnüsse hacken, beides aufstreuen.

! **VARIANTE:** Für einen **Frühlingsglasnudelsalat** statt Paprikaschote und Lauch 300 g blanchierten weißen oder grünen Spargel (4–5 cm lange Abschnitte) und 150 g geviertelte frische Shiitake-Pilze verwenden. Durch 2 TL Sesamöl im Dressing und 2 EL geröstete Sesamsamen anstelle der Erdnüsse bekommt der Salat ein völlig neues Aroma.

FRÜHLINGSRÖLLCHEN MIT PFLAUMENSAUCE

➤ **für Reisteigplatten und Glasnudeln**

Fein und kross – vegetarisches Fingerfood zum Knuspern

Zutaten für 4 Personen, ergibt 16 Stück:

Für die Röllchen:

4 getrocknete Tongu-Pilze

50 g feine Glasnudeln

je 200 g Möhren und Weißkohl

3 Frühlingszwiebeln

1 Stück frischer Ingwer (ca. 2 cm)

2 EL Erdnussöl • 2 EL helle Sojasauce

32 Blatt Reispapier (∅ 16 cm)

1/2 l Erdnussöl zum Frittieren

Für die Sauce:

1 Knoblauchzehe

1 Stück frischer Ingwer (ca. 2 cm)

1–2 kleine rote Chilischoten

3 EL Pflaumenmus

1 TL Speisestärke

je 2 EL Sherry, Sojasauce und Reisessig

Salz • Pfeffer • Zucker

ZUBEREITUNGSZEIT: 1 STD.
PRO PORTION ETWA: 1680 KJ/400 KCAL

1 Die Pilze überbrühen, 30 Min. einweichen. Die Glasnudeln separat überbrühen und 10 Min. ziehen lassen.

2 Für die Sauce Knoblauch und Ingwer schälen, mit den Chilis fein würfeln. Mit Pflaumenmus, Stärke, Sherry, Sojasauce, Essig und 100 ml Wasser verrühren, bei milder Hitze in 5 Min. sämig einkochen. Mit Salz, Pfeffer und Zucker abschmecken.

3 Möhren, Kohl und Frühlingszwiebeln in feine Streifen bzw. Ringe schneiden. Ingwer schälen und hacken. Pilze abgießen, Stiele entfernen, Hüte in Streifen schneiden. Nudeln abgießen, klein schneiden. Öl im Wok erhitzen. Erst Möhren und Weißkohl 2 Min. braten, dann Pilze und Ingwer dazugeben, 3 Min. pfannenrühren. Sojasauce, Nudeln und Frühlingszwiebeln zufügen, 2 Min. weiterbraten.

4 Reisblätter einzeln 30 Sek. in warmes Wasser tauchen. Jeweils 2 Blätter aufeinander legen. 1–2 EL Füllung darauf geben, Teig darüber legen, Seiten einschlagen und aufrollen. Öl zum Frittieren erhitzen. Röllchen darin portionsweise in 4–5 Min. goldbraun ausbacken, dabei wenden. Mit der Pflaumensauce servieren.

REISNUDELPUFFER MIT ZUCCHINI

➤ **für thailändische Reisnudeln (Guai-Thiau)**

Eine der schönsten Formen, in denen Nudeln auf den Tisch kommen können

Zutaten für 2 Personen als Hauptgericht, für 4 Personen als Snack:

- *100 g thailändische Reisnudeln*
- *1 kleiner Zucchino (ca. 150 g)*
- *Salz*
- *1 Stück frischer Ingwer (ca. 2 cm)*
- *2 Knoblauchzehen*
- *2 Eier*
- *1–2 EL Sojasauce*
- *Pfeffer*
- *Außerdem:*
- *Erdnussöl zum Braten*
- *süß-saure Chilisauce (Fertigprodukt)*

ZUBEREITUNGSZEIT: 45 MIN.
PRO PORTION ETWA: 1890 KJ/450 KCAL

1 Nudeln in kochend heißem Wasser 3 Min. einweichen, dann durch ein Sieb abgießen und in kurze Stücke schneiden.

2 Den Zucchino waschen, grob raspeln, mit Salz bestreuen und kurz ziehen lassen. Ingwer und Knoblauch schälen und fein würfeln. Zucchiniraspel mit Küchenpapier gut trockentupfen. Eier und Sojasauce verquirlen, Zucchiniraspel, Ingwer, Knoblauch und Nudeln untermischen, salzen und pfeffern.

3 Reichlich Öl in einer Pfanne erhitzen. Die Nudelmasse esslöffelweise hineingeben, zu flachen Küchlein drücken. Bei mittlerer Hitze 5 Min. goldbraun braten, wenden und in 2–3 Min. fertig braten. Herausnehmen und auf Küchenpapier abtropfen lassen. Im Backofen bei 60° warm halten, bis alle Küchlein gebraten sind. Mit süß-saurer Chilisauce servieren.

! **VARIANTE:** Statt der süß-sauren Chilisauce schmeckt auch ein frischer **Joghurt-Kräuter-Dip** zu den Reisnudelpuffern: 300 g Joghurt mit 2 TL Zitronensaft und 1/2 TL China-Gewürz verrühren. Die Blätter von 1/2 Bund Koriandergrün und 3 Zweigen frischer Minze abzupfen, fein hacken und untermischen.

KNUSPERNUDELN MIT HÄHNCHEN

➤ **für Eier-Mie-Nudeln**

Schön bunt, gesund und dank goldgelb ausgebratener Nudeln wunderbar knackig

Zutaten für 4 Personen:

- *150 ml Hühnerbrühe*
- *3 EL Hoisinsauce (süß-scharfe Sojasauce; Asienladen)*
- *1 TL Speisestärke*
- *250 g Eier-Mie-Nudeln*
- *200 g grüne Bohnen (ersatzweise TK)*
- *1 rote Paprikaschote*
- *200 g Maiskörner (aus der Dose)*
- *2 Knoblauchzehen*
- *300 g Hähnchenbrustfilet*
- *4 EL Öl*
- *Salz • Pfeffer*

ZUBEREITUNGSZEIT: 40 MIN.
PRO PORTION ETWA: 2060 KJ/490 KCAL

1 Für die Sauce Brühe, Hoisinsauce und Stärke verquirlen. Nudeln in kochendes Wasser geben, vom Herd nehmen, 4 Min. ziehen lassen. Mit einer Gabel umrühren und in einem Sieb abtropfen lassen.

2 Bohnen waschen, putzen und halbieren, in kochendem Salzwasser 5 Min. garen. Abgießen, abschrecken, abtropfen lassen. Paprika waschen, putzen und in feine Streifen schneiden. Mais abgießen und abtropfen lassen. Knoblauch schälen und fein würfeln. Fleisch abwaschen, trockentupfen, in 2 cm große Würfel schneiden.

3 Im Wok 2 EL Öl erhitzen. Nudeln darin auf einer Seite bei mittlerer Hitze in 5 Min. goldbraun und knusprig braten. Wenden und auf der anderen Seite 3 Min. braten. Herausnehmen und warm halten.

4 Übriges Öl stark erhitzen. Fleisch darin portionsweise unter Rühren 4 Min. braten. Herausnehmen. Knoblauch anbraten, Paprika und Bohnen zugeben, 2–3 Min. pfannenrühren. Sauce, Fleisch und Mais zufügen und garen, bis die Sauce eindickt. Salzen und pfeffern. Nudeln auf Teller verteilen, das Wok-Gericht darauf anrichten.

NUDELN MIT SÜSS-SAURER SAUCE

➤ **für Mie-Nudeln**

Ketchup, Zucker und Ananas geben dem essigsauren Gemisch Süße – ein Kinderliebling!

Zutaten für 4 Personen:

- *1 große Zwiebel*
- *1 Stück frischer Ingwer (ca. 3 cm)*
- *150 g Möhren • 1 grüne Paprikaschote*
- *1 kleine Dose Ananas (140 g Abtropfgewicht)*
- *4 EL Tomatenketchup*
- *4 EL helle Sojasauce*
- *2 EL Reis- oder Weißweinessig*
- *1 EL brauner Zucker • 1 TL Speisestärke*
- *2 EL Öl • Salz • Pfeffer*
- *250 g Mie-Nudeln*

ZUBEREITUNGSZEIT: 30 MIN.
PRO PORTION ETWA: 1510 KJ/360 KCAL

1 Zwiebel und Ingwer schälen und klein würfeln. Möhren schälen und schräg in dünne Scheiben schneiden. Paprikaschote waschen, vierteln, putzen und in feine Streifen schneiden. Ananas in ein Sieb abgießen, den Saft (ca. 60 ml) auffangen. Ananas in kleine Würfel schneiden.

2 Den Ananassaft mit 4 EL Wasser, Ketchup, Sojasauce, Essig, Zucker und Speisestärke verrühren. Das Öl in einem Topf erhitzen. Ingwer, Zwiebel, Möhren und Paprika darin bei mittlerer Hitze 3 Min. dünsten. Würzsauce angießen, weitere 5 Min. köcheln lassen. Ananasstücke untermischen. Mit Salz und Pfeffer abschmecken.

3 Inzwischen reichlich Wasser aufkochen. Nudeln hineingeben, vom Herd nehmen und 4 Min. ziehen lassen. Mit einer Gabel umrühren, in ein Sieb abgießen, abtropfen lassen und auf vier Teller verteilen. Die Sauce auf den Nudeln anrichten.

!

TIPP: Für feine Schärfe 1 EL Tomatenketchup durch Chilisauce ersetzen.
VARIANTE: Für **Nudeln mit süß-saurer Fleischsauce** 300 g in kleine Würfel geschnittenes Schweinefilet oder gemischtes Hackfleisch im heißen Öl 4–5 Min. unter Rühren braun anbraten. 1 Knoblauchzehe schälen, dazupressen. Ingwer, Zwiebel, Möhre und Paprika hinzufügen und die Sauce zubereiten, wie im Rezept oben beschrieben.

CURRY-NUDELN MIT TOFU

➤ **für Eier-Mie-Nudeln**

Ein schnelles Essen – wunderbar aromatisch und scharf, mit Tofu ganz vegetarisch

Zutaten für 4 Personen:

- *1 Aubergine (ca. 300 g)*
- *200 g fester Tofu*
- *150 g frische Shiitake-Pilze*
- *1 kleine gelbe Paprikaschote*
- *3 Schalotten*
- *4 EL Erdnussöl*
- *2–3 TL rote Currypaste (Asienregal)*
- *200 ml ungesüßte Kokosmilch (Tetrapak oder Dose)*
- *Salz • 2 EL Limettensaft*
- *250 g Eier-Mie-Nudeln*
- *1/2 Bund Schnittlauch*

ZUBEREITUNGSZEIT: 30 MIN.
PRO PORTION ETWA: 2060 KJ/490 KCAL

1 Aubergine waschen, putzen und in 2 cm große Würfel schneiden. Tofu ebenfalls würfeln. Pilze abreiben, Stiele entfernen, die Hüte vierteln. Paprikaschote waschen, putzen und würfeln. Schalotten schälen und in feine Ringe schneiden.

2 1 EL Öl im Wok stark erhitzen, Tofu darin in 2–3 Min. braun braten. Herausnehmen und warm halten. 2 EL Öl hineingeben, Auberginen und Schalotten darin pfannenrühren. Übriges Öl, Pilze und Paprika zufügen, 2 Min. mitbraten. Currypaste einrühren, Kokosmilch und 5 EL Wasser angießen. Aufkochen, mit Salz und Limettensaft würzen. Tofu untermischen.

3 Nudeln in kochendes Wasser geben, vom Herd nehmen und 4 Min. ziehen lassen. Abgießen, abtropfen lassen, zu Nudelnestern geformt auf Tellern anrichten. Sauce darauf geben. Schnittlauch waschen, fein schneiden und aufstreuen.

! **VARIANTE:** Fleischfreunde können den Tofu durch 200 g in dünne Scheiben geschnittenes **Lammrückenfilet** ersetzen. Haben Sie einen Asienladen in der Nähe? Dann toppen Sie das Gericht doch mal mit frischen asiatischen Kräutern! Statt Schnittlauch Schnittknoblauch, grob gehacktes Thai-Basilikum oder Korianderblättchen aufstreuen.

EINLADEN, FEIERN, SCHENKEN!

Hits aus der trendy Küche

ISBN (10)
3-7742-6882-7
ISBN (13)
978-3-7742-6882-1
36 Seiten
€ 4,50 [D]

ISBN (10)
3-8338-0023-2
ISBN (13)
978-3-8338-0023-8
36 Seiten
€ 4,50 [D]

ISBN (10)
3-7742-6593-3
ISBN (13)
978-3-7742-6593-6
36 Seiten
€ 4,50 [D]

GU

Willkommen im Leben.

Impressum

➤ *Die Temperaturangaben* bei Gasherden variieren von Hersteller zu Hersteller. Welche Stufe Ihres Herdes der jeweils angegebenen Temperatur entspricht, entnehmen Sie bitte der Gebrauchsanweisung. Bei Elektroherden können die Backzeiten je nach Herd variieren.

Ein *herzliches Dankeschön* geht an die Marke Bamboo Garden für die Bereitstellung der Asia-Produkte.

Programmleitung: Doris Birk
Leitende Redakteurin: Birgit Rademacker
Redaktion: Sigrid Burghard
Lektorat: Margit Proebst
Umschlag- und Innenlayout: independent Medien-Design
Fotos: FoodPhotography Eising/ Martina Görlach
Foodstyling: Michael Koch
Herstellung: Bettina Häfele
Satz: Uhl + Massopust GmbH, Aalen
Reproduktionen: Penta Repro, München
Druck und Bindung: Alcione
ISBN (10) 3-8338-0154-9
ISBN (13) 978-3-8338-0154-9

Auflage: 4. 3. 2. 1.
Jahr: 2009 2008 2007 2006

GRÄFE UND UNZER

Ein Unternehmen der
GANSKE VERLAGSGRUPPE